AF288182

Impressum
Verlag: BABADADA GmbH, Nedderfeld 112 , 22529 Hamburg
Geschäftsführer / Verlagsleitung: Harald Hof
Druck: Books on Demand GmbH, In de Tarpen 42, 22848 Norderstedt

Imprint
Publisher: BABADADA GmbH, Nedderfeld 112 , 22529 Hamburg, Germany
Managing Director / Publishing direction: Harald Hof
Print: Books on Demand GmbH, In de Tarpen 42, 22848 Norderstedt

мәктәп

school

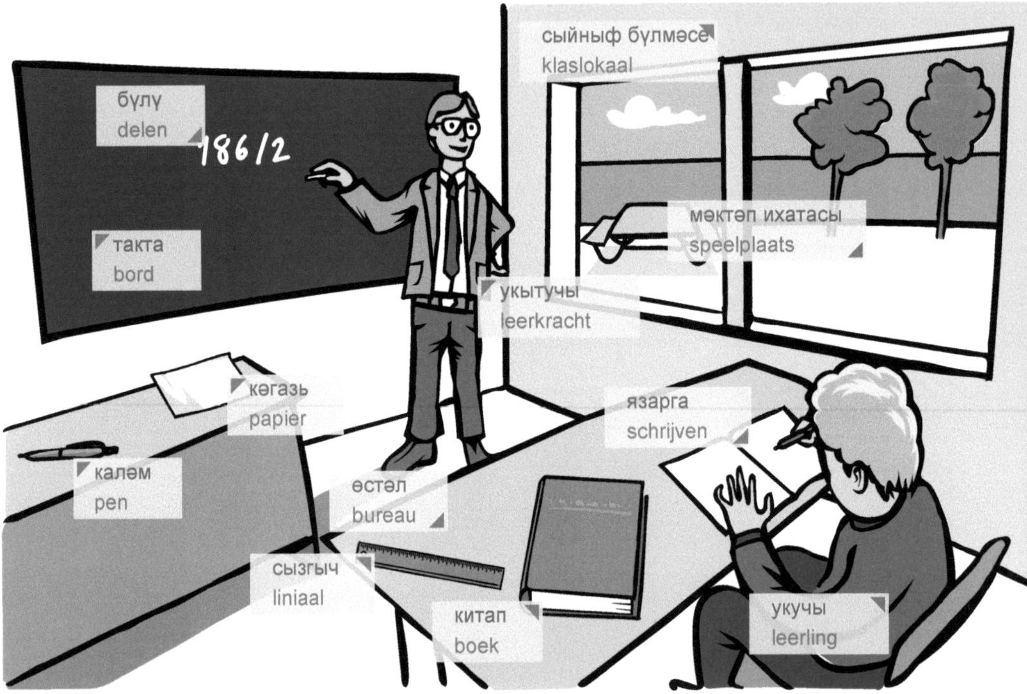
сыйныф бүлмәсе
klaslokaal
бүлү
delen
186/2
такта
bord
мәктәп ихатасы
speelplaats
укытучы
leerkracht
кәгазь
papier
язарга
schrijven
каләм
pen
өстәл
bureau
сызгыч
liniaal
китап
boek
укучы
leerling

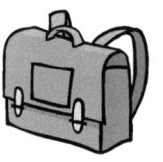

букча

schooltas

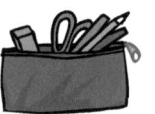

каләмдан

pennenzak

кырандаш

potlood

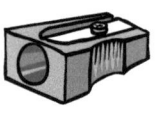

каләм очлагыч

puntenslijper

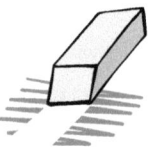

бетергеч

gom

рәсем дәфтәре

tekenblok

рәсем

tekening

пумала

verfborstel

буяулар тартмасы

verfdoos

кайчы

schaar

җилем

lijm

дәфтәр

werkboek

өй эше

huiswerk

сан

nummer

кушу

optellen

алу

aftrekken

тапкырлау

vermenigvuldigen

исәпләү

rekenen

хәреф

letter

әлифба

alfabet

сүз

woord

текст
tekst

укырга
Lezen

акбур
krijt

дәрес
les

сыйныф журналы
klassenboek

имтихан
examen

сертификат
certificaat

мәктәп формасы
schooluniform

мәгариф
onderwijs

энциклопедия
encyclopedie

университет
universiteit

микроскоп
microscoop

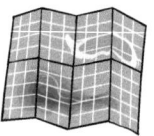

харита
kaart

чүп кәгазь чиләге
papiermand

сәяхәт

reis

кунакханә
hotel
Grand
хостел
jeugdherberg
ROOMS
EXCHANGE
валюта бюросы
wisselkantoor
баул
koffer
автомобиль
auto

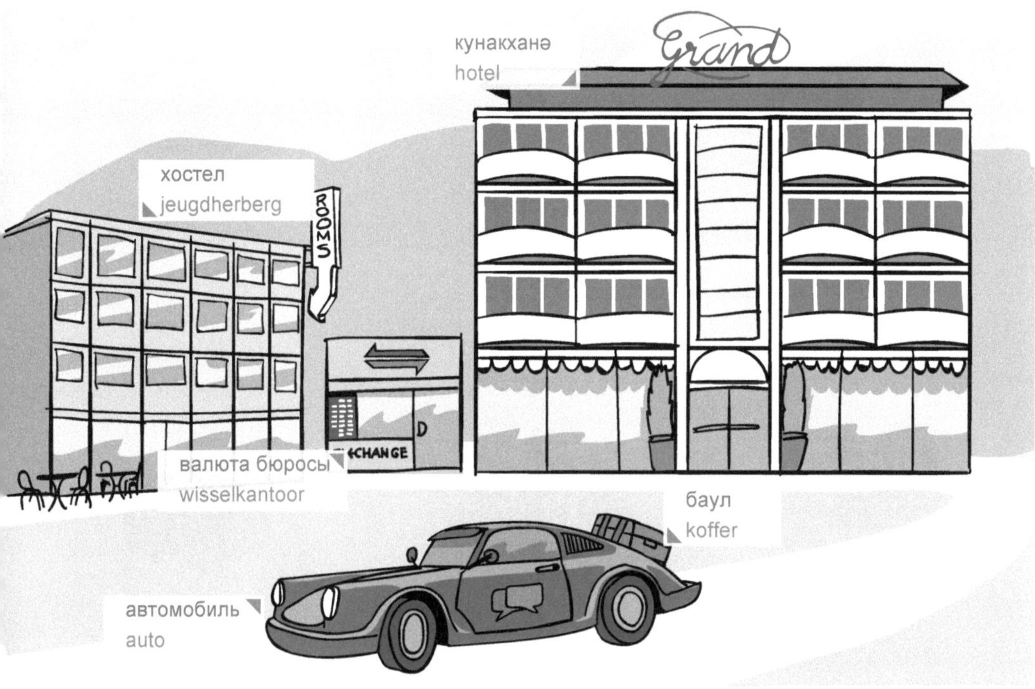

тел

Taal

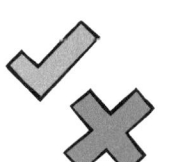

әйе / юк

ja / nee

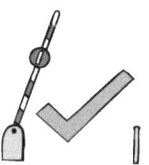

ярар

oké

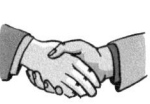

исәнмесез

hallo

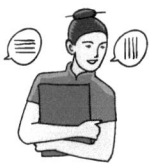

тәрҗемәче

vertaler

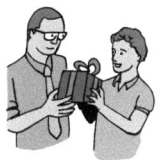

Рәхмәт

bedankt

... күпме тора?

Hoeveel kost ...?

мин аңламыйм

Ik begrijp het niet

проблем

probleem

Хәерле кич!

Goedenavond!

Хәерле иртә!

Goedemorgen!

Тыныч йокы!

Goedenavond!

сау булыгыз

Tot ziens

юнәлеш

richting

багаж

bagage

букча

zak

биштәр

rugzak

кунак

gast

бүлмә

kamer

йокы капчыгы

slaapzak

чатыр

tent

турист мәгълуматы

toeristeninformatie

комсал

strand

кредит кәрте

kredietkaart

иртәнге аш

ontbijt

төшлек

lunch

кичке аш

avondeten

билет

ticket

лифт

lift

марка

postzegel

чик

grens

тамгаханә

douane

илчелек

ambassade

виза

visum

паспорт

paspoort

транспорт
transport

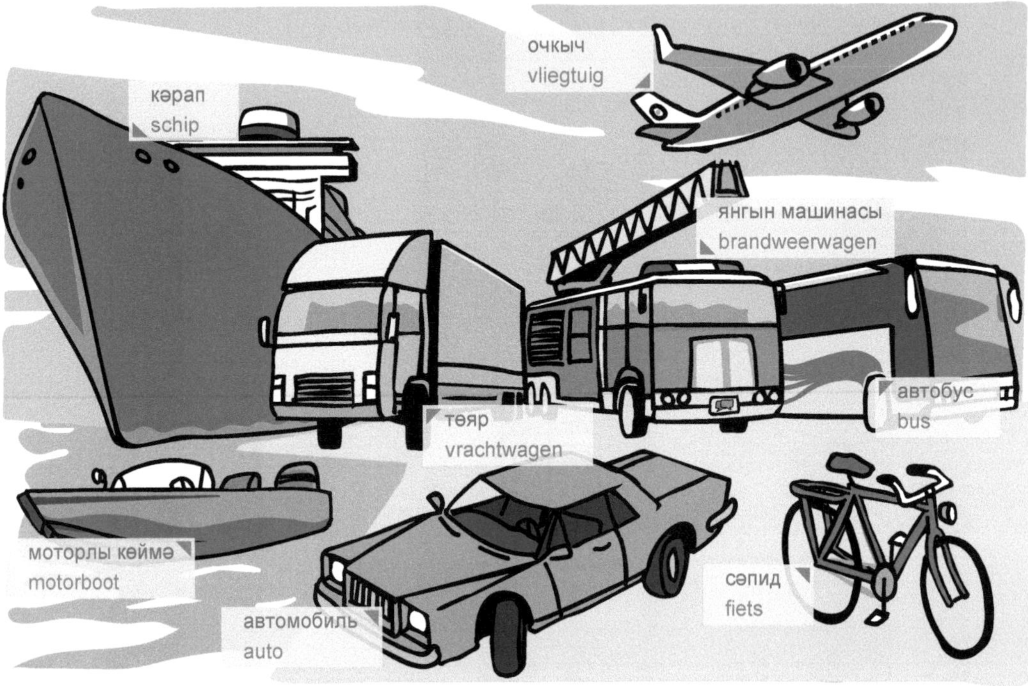
очкыч
vliegtuig
кәрап
schip
янгын машинасы
brandweerwagen
автобус
bus
төяр
vrachtwagen
моторлы көймә
motorboot
автомобиль
auto
сәпид
fiets

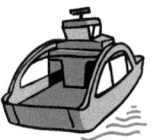

борам

veerboot

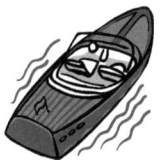

көймә

boot

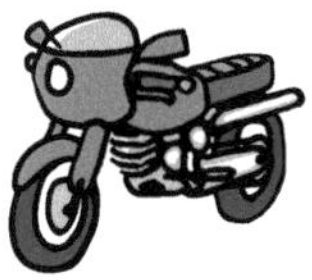

мотоцикл

motor

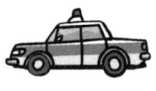

полиция машинасы

politiewagen

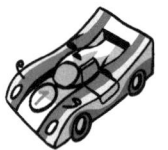

узыш машинасы

racewagen

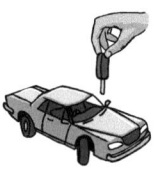

киралык машина

huurauto

каршеринг

carpoolen

тартучы

sleepwagen

чүп төяре

vuilniswagen

мотор

motor

ягулык

benzine

бензинлек

benzinestation

трафик билгесе

verkeersbord

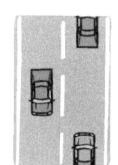

хәрәкәт

verkeer

бөке

file

паркинг

parkeerplaats

вокзал

station

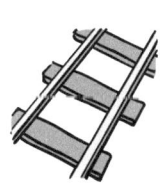

рельс

sporen

поезд

trein

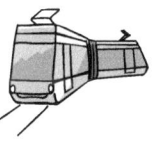

трамвай

tram

вагон

wagon

боралак

helikopter

hава аланы

luchthaven

манара

toren

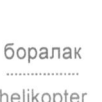

юлчы

passagier

контейнер

container

алап

karton

йөк арбасы

kar

сәбәт

mand

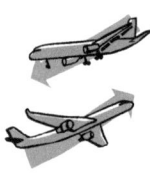

калку / төшү

opstijgen / landen

шәһәр

stad

авыл

dorp

шәһәр үзәге

stadscentrum

йорт

huis

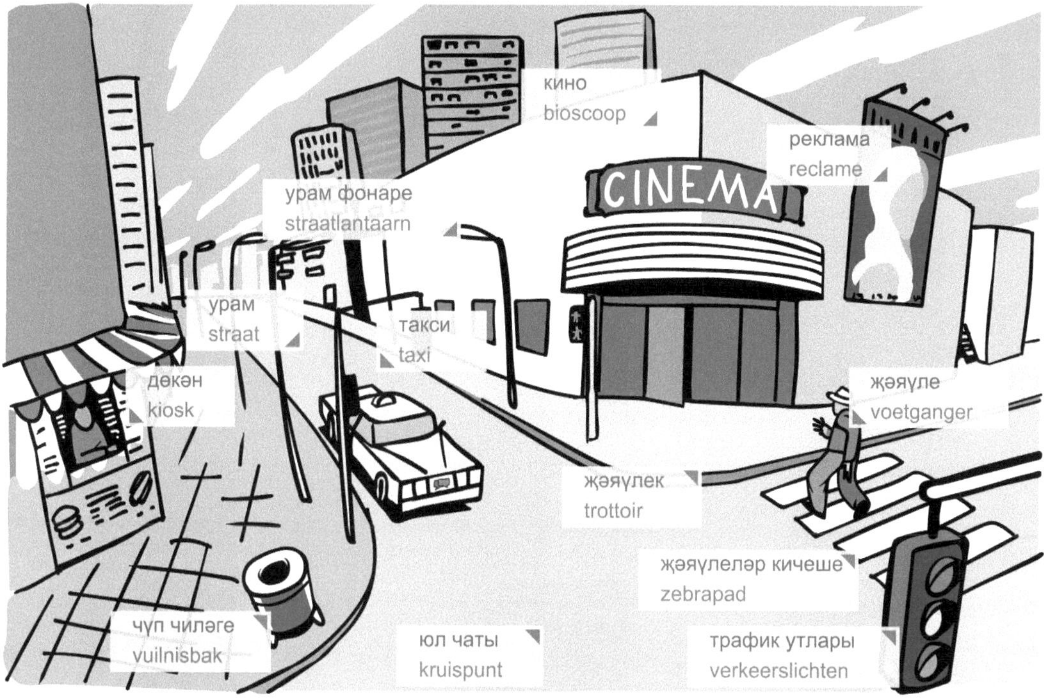

кино
bioscoop

реклама
reclame

урам фонаре
straatlantaarn

CINEMA

урам
straat

такси
taxi

дөкән
kiosk

җәяүле
voetganger

җәяүлек
trottoir

җәяүлеләр кичеше
zebrapad

чүп чиләге
vuilnisbak

юл чаты
kruispunt

трафик утлары
verkeerslichten

алачык

hut

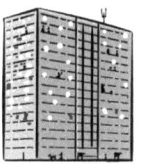

фатир

woning

вокзал

station

шәһәр хакимияте

stadshuis

ядкәрханә

museum

мәктәп

school

университет

universiteit

банк

bank

хастаханә

ziekenhuis

кунакханә

hotel

даруханә

apotheek

офис

kantoor

китап кибете

boekwinkel

кибет

winkel

чәчәк кибете

bloemenwinkel

супермаркет

supermarkt

базар

markt

зур кибет

warenhuis

балык кибете

vishandelaar

сәүдә үзәге

winkelcentrum

лиман

haven

парк

park

эскәмия

bank

күпер

brug

баскыч

trap

метро

metro

тоннель

tunnel

автобус тукталышы

bushalte

бар

bar

ресторан

restaurant

ямыл тартмасы

brievenbus

урам билгесе

straatnaambord

паркинг санагычы

parkeermeter

хайван бакчасы

zoo

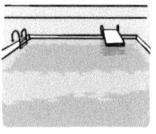

хәвезханә

zwembad

мәчет

moskee

ферма

boerderij

керлелек

milieuverontreiniging

зират

kerkhof

чиркәү

kerk

уен аланы

speelplaats

гыйбадәтханә

tempel

тирә-юнь

landschap

яфрак
blad

юл күрсәткече
wegwijzer

юл
weg

болын
weide

таш
steen

агач
boom

йөрешче
wandelaar

елга
rivier

үлән
gras

чәчәк
bloem

үзән

vallei

калкулык

heuvel

күл

meer

урман

bos

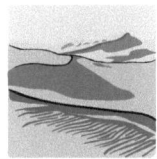

чүл

woestijn

янартау

vulkaan

ныгытма

kasteel

салават күпере

regenboog

гөмбә

paddenstoel

пальма

palmboom

черки

mug

чебен

vlieg

кырмыска

mier

бал корты

bijl

үрмәкүч

spin

тирә-юнь - landschap

коңгыз
kever

бака
kikker

тиен
eekhoorn

керпе
egel

куян
haas

ябалак
uil

кош
vogel

аккош
zwaan

кабан дуңгызы
wild zwijn

болан
hert

пошый
eland

туан
dam

җир турбины
windturbine

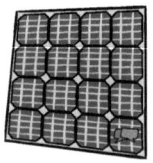

кояш панеле
zonnepaneel

икълим
klimaat

ресторан
restaurant

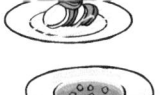

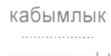

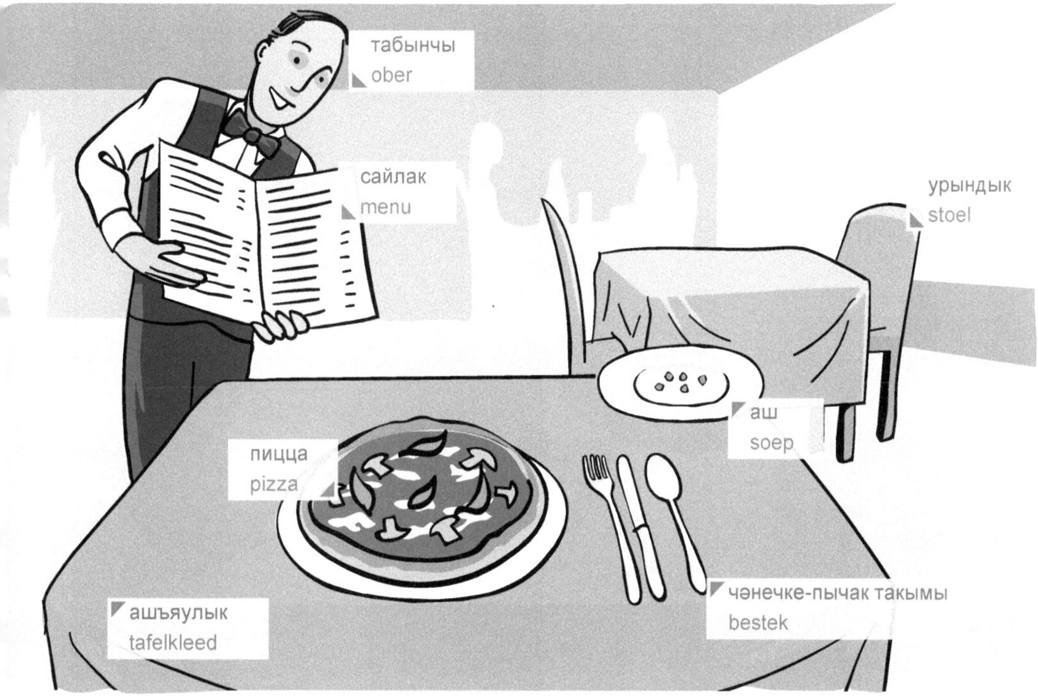
табынчы
ober
сайлак
menu
урындык
stoel
аш
soep
пицца
pizza
ашъяулык
tafelkleed
чәнечке-пычак такымы
bestek

кабымлык

voorgerecht

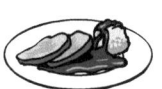

төп ашамлык

hoofdgerecht

татлы

nagerecht

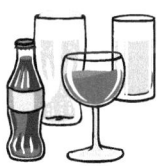

эчемлекләр

drankjes

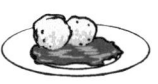

азык

eten

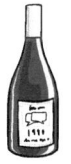

шешә

fles

фастфуд

fastfood

урам ризыгы

street food

чәйгүн

theepot

шикәр савыты

suikerpot

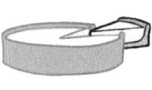

салым

portie

эспрессо машины

espressomachine

биек урындык

kinderstoel

хисап

rekening

төгер

dienblad

пычак

mes

чәнечке

vork

кашык

lepel

чәй кашыгы

theelepel

тастымал

serviette

тустаган

glas

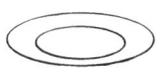

табак

bord

аш табагы

soepbord

җәйпәк

schoteltje

соус

saus

тоз савыты

zoutvatje

борыч тегермәне

pepermolen

серкә

azijn

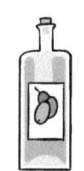

сыек май

olie

тәмләткеч

kruiden

кетчуп

ketchup

хәрдәл

mosterd

майонез

mayonaise

супермаркет
supermarkt

махсус тәкъдим
aanbieding
FOR
сатып алучы
klant
сөт эшләнмәләре
zuivelproducten
җимеш
fruit
кибет арбасы
winkelwagen

BUTCHERS

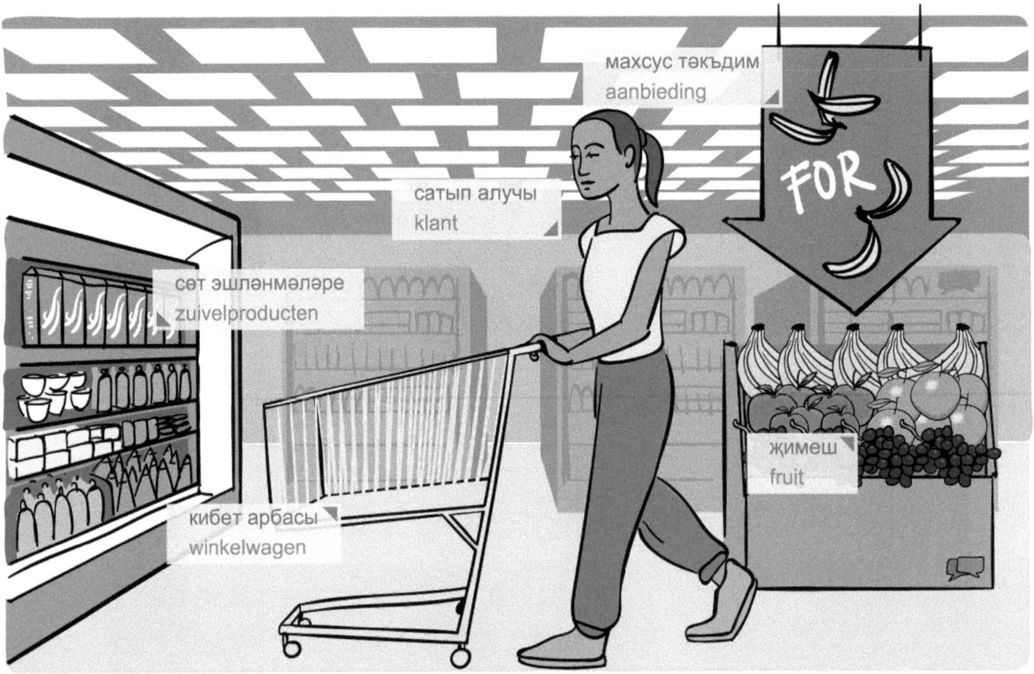

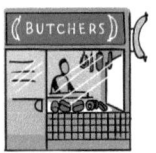

ит кибете

slagerij

BAKERY

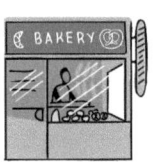

икмәкханә

bakkerij

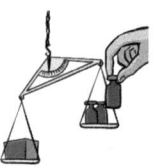

үлчәү

wegen

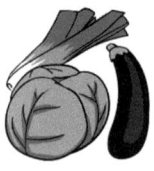

яшелчә

groenten

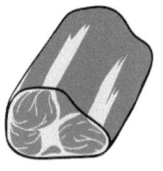

ит

vlees

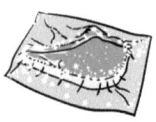

туңдырылган ашамлыклар

diepvriesvoedsel

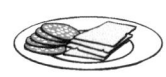

суык ит

charcuterie

кәнсирләнгән ашамлык

conserven

кер юу порошогы

waspoeder

шикәрләмәләр

snoep

өй эшләнмәләре

huishoudproducten

тәмизлек эшләнмәләре

schoonmaakproducten

сатучы

verkoopster

язучы касса

kassa

кассир

kassier

сатып алу исемлеге

boodschappenlijstje

эш вакыты

openingstijden

калта

portefeuille

кредит кәрте

kredietkaart

букча

tas

пластик капчык

plastieken zakje

су

water

сут

sap

сөт

melk

кола

cola

шәраб

wijn

сыра

bier

хәмер

alcohol

какао

cacao

чәй

thee

каһвә

koffie

эспрессо

espresso

капучино

cappuccino

банан

banaan

алма

appel

әфлисун

sinaasappel

карбыз

meloen

лимон

citroen

кишер

wortel

сарымсак

knoflook

бамбук

bamboe

суган

ajuin

гөмбә

champignon

чикләвекләр

noten

токмач

noodles

спагетти

spaghetti

дөге

rijst

салат

salade

чипсы

frieten

кыздырылган бәрәңге

gebakken aardappelen

пицца

pizza

гамбургер

hamburger

сэндвич

sandwich

кәтлит

kalfslapje

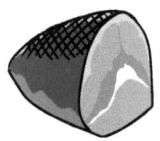

ветчина

ham

салями

salami

сосиска

worst

тавык

kip

кыздырма

braden

балык

vis

солы измәсе

havervlokken

мюсли

muesli

мәккәй кетердеге

cornflakes

он

bloem

круассан

croissant

ипи түгәрәге

pistolet

икмәк

brood

тост

toast

кәтәрмәч

koekjes

май

boter

эремчек

kwark

кейк

taart

йомырка

ei

тәбә

spiegelei

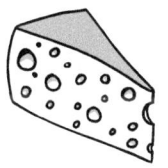

сыр

kaas

азык - eten

туңдырма

ijs

шикәр

suiker

бал

honing

кайнатма

confituur

шоколад измәсе

choco

карри

curry

азык - eten

ферма

boerderij

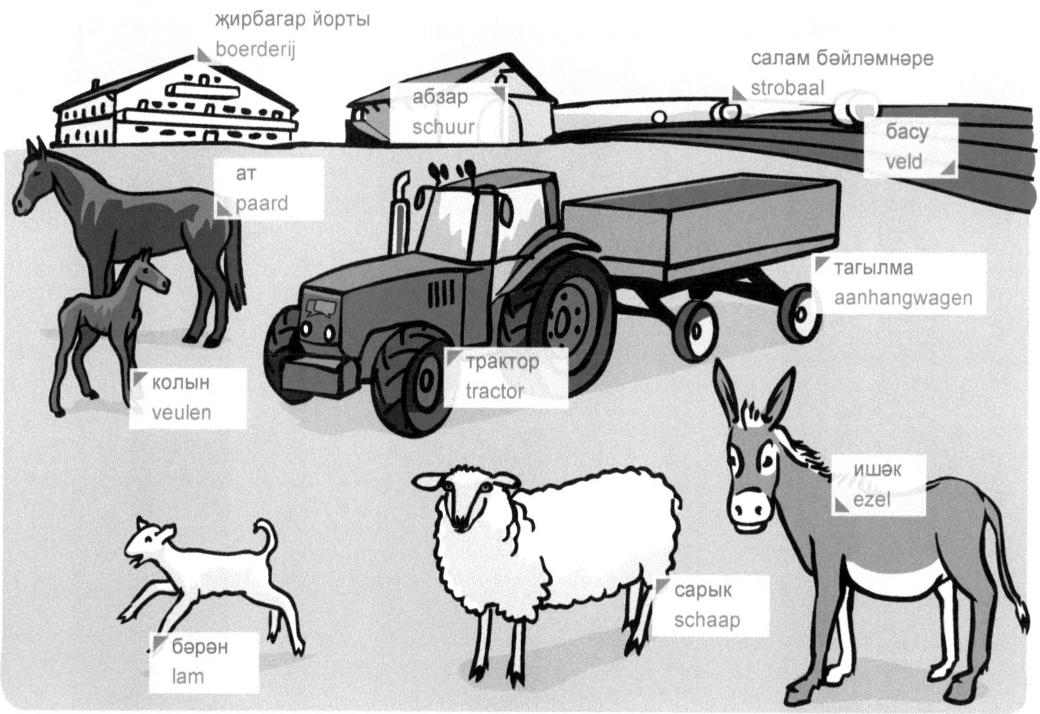
жирбагар йорты
boerderij
абзар
schuur
салам бәйләмнәре
strobaal
басу
veld
ат
paard
тагылма
aanhangwagen
трактор
tractor
колын
veulen
ишәк
ezel
сарык
schaap
бәрән
lam

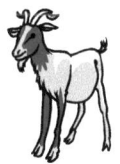

кәҗә

geit

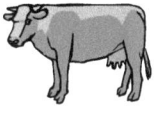

сыер

koe

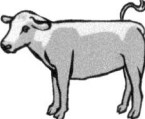

бозау

kalf

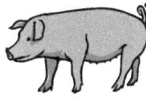

дуңгыз

varken

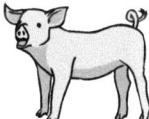

дуңгыз баласы

biggetje

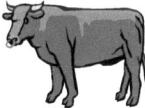

үгез

stier

каз

gans

үрдәк

eend

чеби

kuiken

тавык

kip

әтәч

haan

күсе

rat

песи

kat

тычкан

muis

эш үгезе

os

эт

hond

эт оясы

hondenhok

бакча хортумы

tuinslang

сусипкеч

gieter

чалгы

zeis

сабан

ploeg

ферма - boerderij

урак

sikkel

китмән

schoffel

сәнәк

hooivork

балта

bijl

кул арбасы

kruiwagen

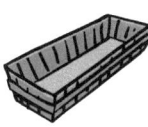

тагарак

trog

сөт чиләге

melkkan

капчык

zak

койма

hek

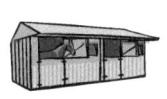

абзар

stal

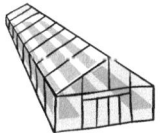

эссеханә

broeikas

туфрак

bodem

орлык

zaad

ашлама

mest

комбайн

maaidorser

уңыш җыярга
....
oogsten

уңыш
....
oogst

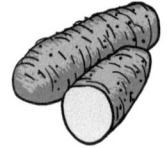

ям
....
yam

бодай
....
tarwe

соя
....
soja

бәрәңге
....
aardappel

мәккәй
....
maïs

рапс
....
koolzaad

җимеш агачы
....
fruitboom

маниок
....
maniok

бөртеклеләр
....
graan

ферма - boerderij

йорт
huis

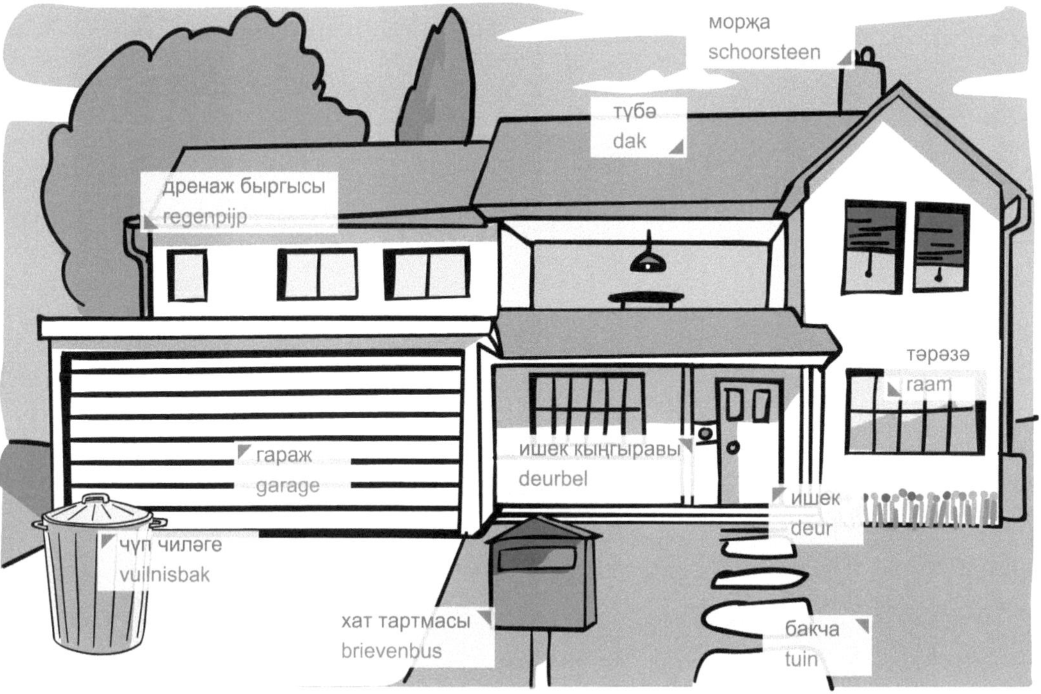
моржа
schoorsteen
түбә
dak
дренаж быргысы
regenpijp
тәрәзә
raam
гараж
garage
ишек кыңгыравы
deurbel
ишек
deur
чүп чиләге
vuilnisbak
хат тартмасы
brievenbus
бакча
tuin

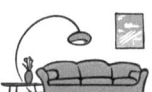

кунак бүлмәсе

woonkamer

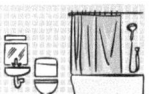

юыну бүлмәсе

badkamer

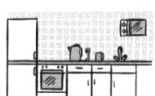

аш бүлмәсе

keuken

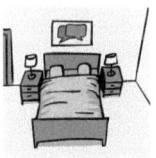

ятак бүлмәсе

slaapkamer

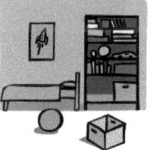

бала бүлмәсе

kinderkamer

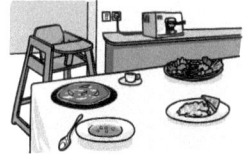

аш бүлмәсе

eetkamer

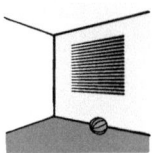

идән

vloer

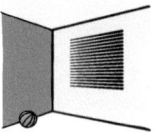

дивар

muur

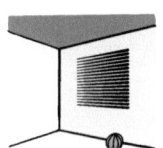

түшәм

plafond

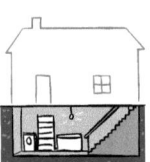

түлә

kelder

сауна

sauna

балкон

balkon

терраса

terras

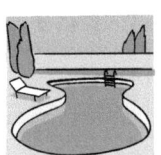

хәвез

zwembad

чирәмчапкыч

grasmaaier

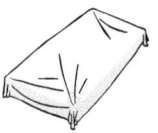

җәймә

dekbedovertrek

ятак япмасы

dekbed

ятак

bed

себерке

bezem

чиләк

emmer

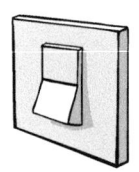

өзгеч

schakelaar

кунак бүлмәсе
woonkamer

дивар кәгазе
behangpapier
räsem
foto
лампа
lamp
киштә
schap
дулап
kast
телевизия
televisie
чуал
open haard
чәчәк
bloem
мендәр
kussen
диван
sofa
нәлбәк
vaas
ерактан боерма
afstandsbediening

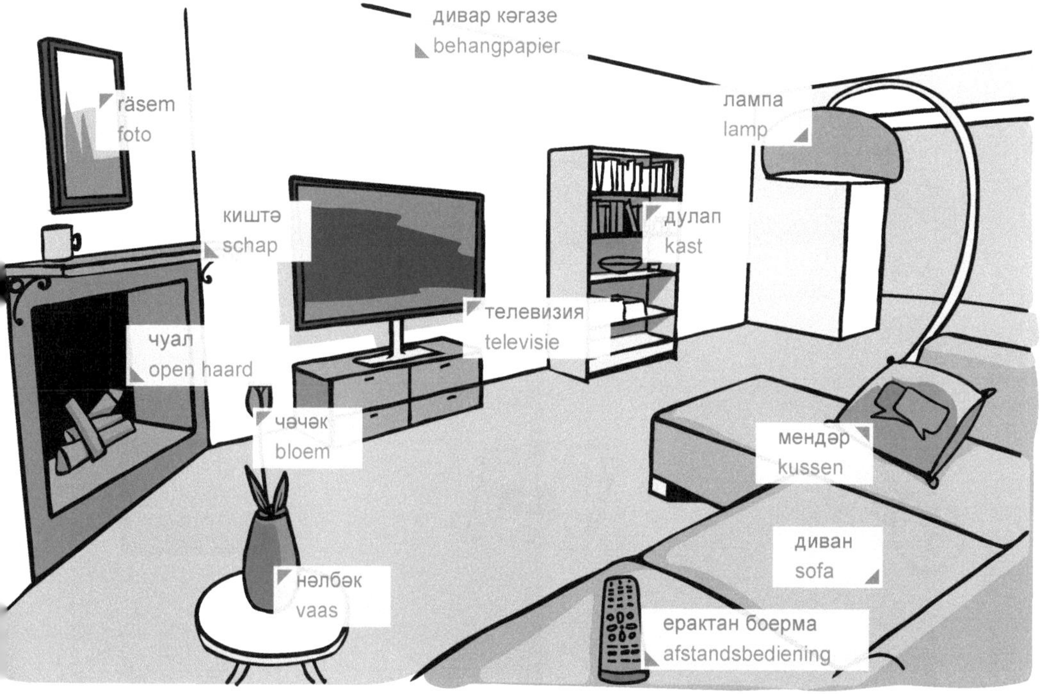

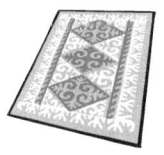

келәм

mat

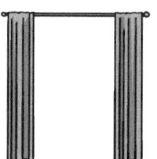

пәрдә

gordijn

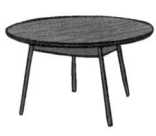

өстәл

tafel

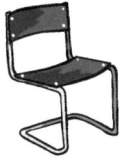

урындык

stoel

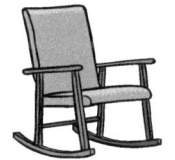

тирбәлмә урындык

schommelstoel

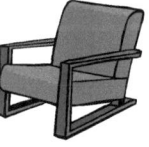

кәнәфи

fauteuil

китап

boek

япма

deken

декор

decoratie

утын

brandhout

фильм

film

hi-fi

stereo-installatie

ачкыч

sleutel

гәжит

krant

сурәт

schilderij

постер

poster

радио

radio

куен дәфтәре

notitieboekje

тузансуыргыч

stofzuiger

кактус

cactus

шәм

kaars

аш бүлмәсе
keuken

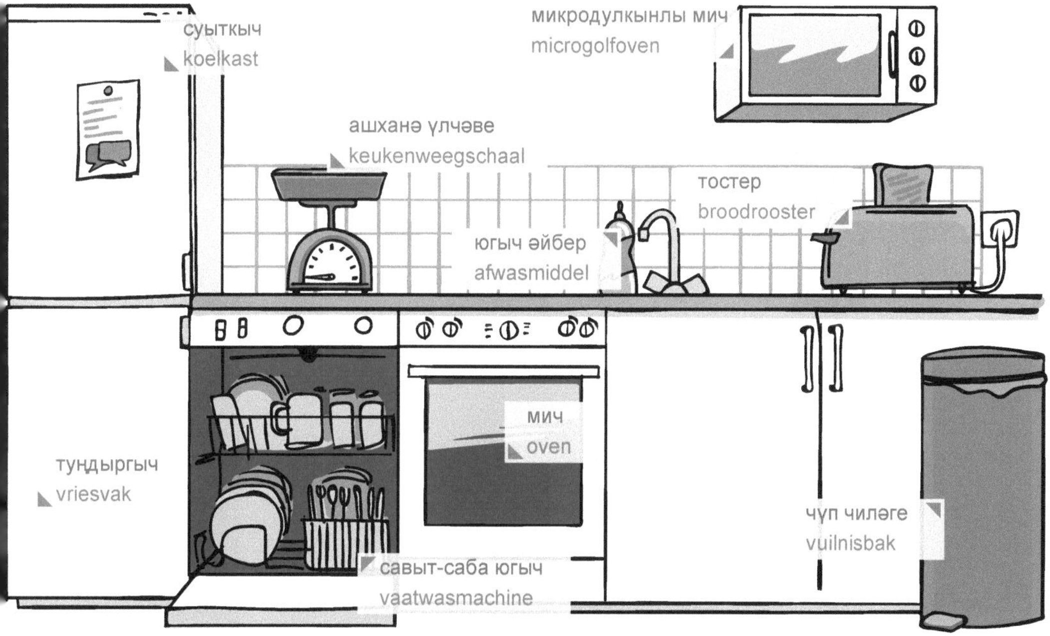
суыткыч
koelkast
микродулкынлы мич
microgolfoven
ашханә үлчәве
keukenweegschaal
тостер
broodrooster
югыч әйбер
afwasmiddel
мич
oven
туңдыргыч
vriesvak
чүп чиләге
vuilnisbak
савыт-саба югыч
vaatwasmachine

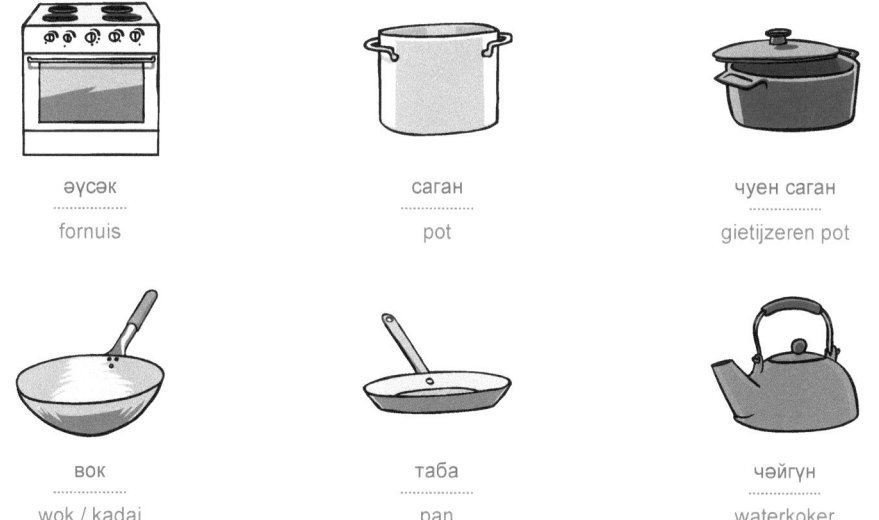

әүсәк
....
fornuis

саган
....
pot

чуен саган
....
gietijzeren pot

вок
....
wok / kadai

таба
....
pan

чәйгүн
....
waterkoker

булы пешергеч

stoomkoker

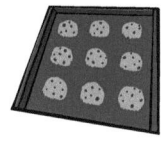

калай

bakplaat

савыт-саба

servies

тәгәч

mok

касә

kom

ашау таякчыклары

eetstokjes

уҗау

pollepel

спатула

spatel

туглагыч

garde

сөзгеч

vergiet

илӘк

zeef

кыргыч

rasp

киле

mortier

барбекю

barbecue

ачык учак

haardvuur

такта

snijplank

уклау

deegrol

бөке суыргыч

kurkentrekker

металл тартма

blik

кәнсир ачкыч

blikopener

мич биялә

pannenlap

киршән

gootsteen

фырча

borstel

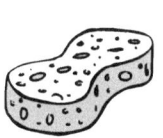

болыт

spons

блендер

blender

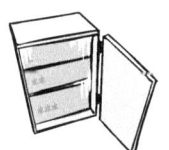

тирән туңдыргыч

vriezer

имезлекле шешә

papfles

чөмәк

kraan

юыну бүлмәсе

badkamer

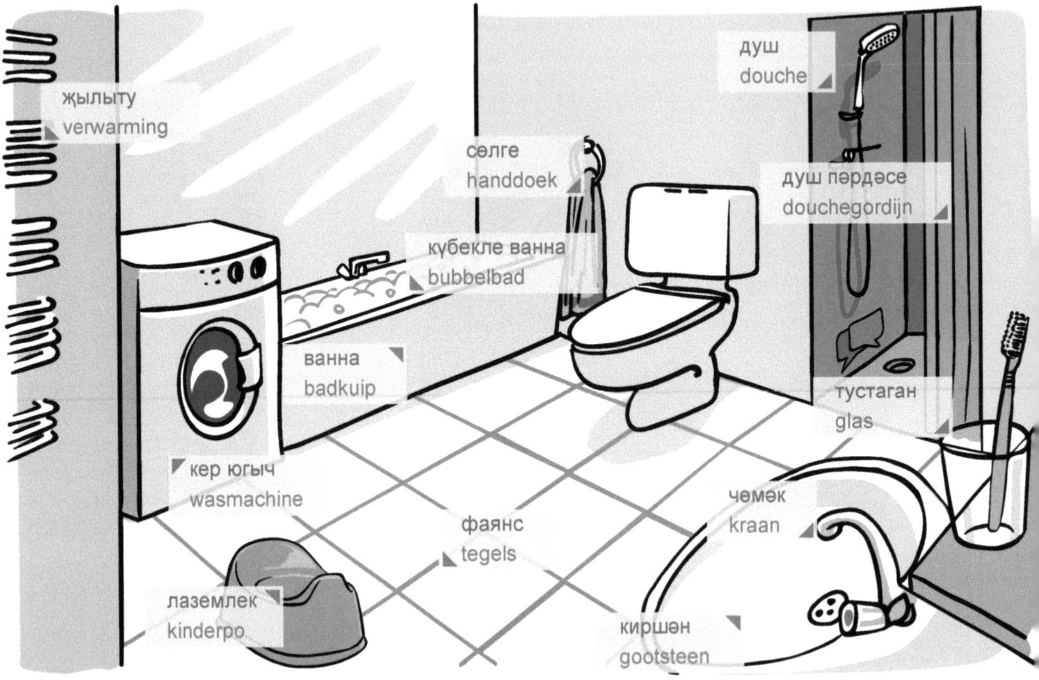

җылыту
verwarming
сөлге
handdoek
душ
douche
душ пәрдәсе
douchegordijn
күбекле ванна
bubbelbad
ванна
badkuip
тустаган
glas
кер югыч
wasmachine
чөмәк
kraan
фаянс
tegels
лаземлек
kinderpo
киршән
gootsteen

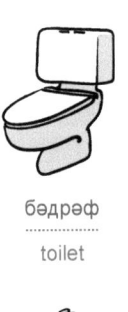

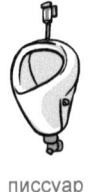

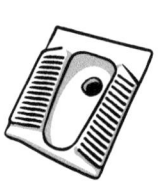

бәдрәф
toilet

төрекчә бәдрәф
hurktoilet

биде
bidet

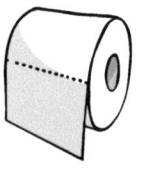

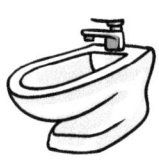

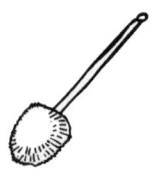

писсуар
urinoir

бәдрәф кәгазе
toiletpapier

бәдрәф фырчасы
toiletborstel

теш фырчасы

tandenborstel

теш мәгъжүне

tandpasta

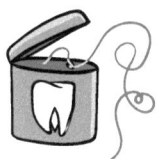

теш җебе

flosdraad

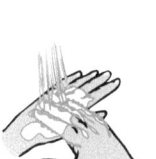

юарга

wassen

душ башлыгы

handdouche

душ

bidethanddouche

киршән

waskom

арка фырчасы

rugborstel

сабын

zeep

душ сеңәле

douchegel

шампунь

shampoo

мунчала

washandje

агым

afvoer

крем

crème

дезодорант

deodorant

көзге

spiegel

кул көзгесе

handspiegel

өстәрә

scheermes

кырыну күбеге

scheerschuim

кырыну лосьоны

aftershave

тарак

kam

щётка

borstel

фен

haardroger

чәч спрее

haarlak

макияж

make-up

ирен иннеге

lippenstift

тырнак җәләсе

nagellak

мамык

watten

тырнак кайчысы

nagelknipper

хушбуй

parfum

макияж букчасы

toilettas

утыргыч

kruk

үлчәү

weegschaal

чоба

badjas

резин иләсә

latex handschoenen

тампон

tampon

һигиеник пәд

maandverband

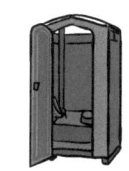

химияви бәдрәф

chemisch toilet

бала бүлмәсе

kinderkamer

уяткыч сәгать
wekker
йомшак уенчык
knuffel
уенчык машина
speelgoedauto
шалтыравык
rammelaar
курчак йорты
poppenhuis
бүләк
geschenk

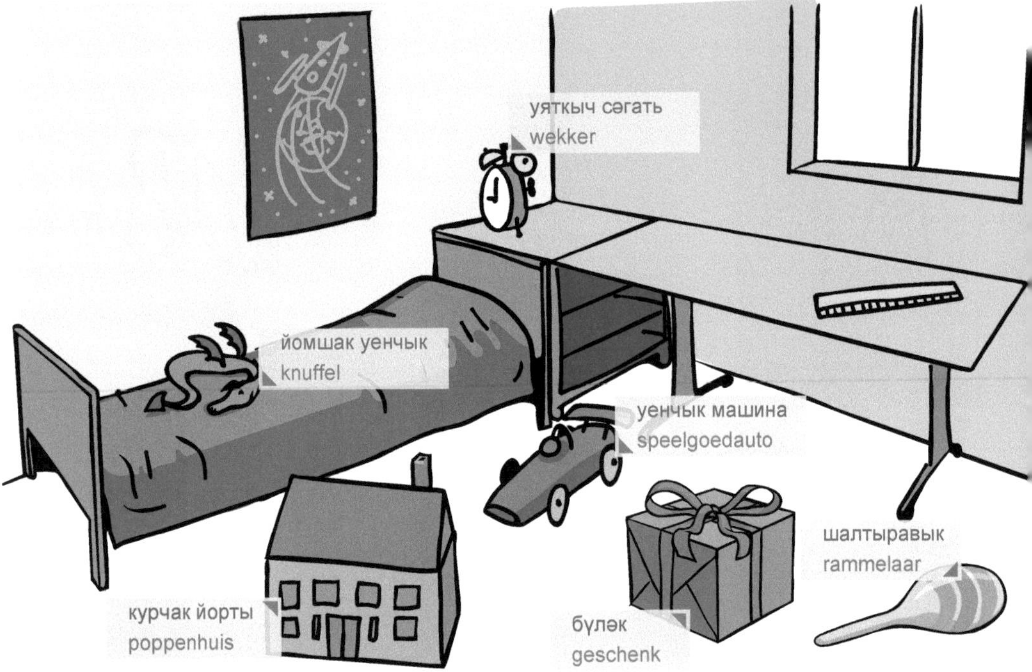

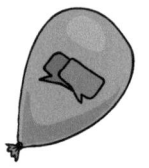

һава шары

ballon

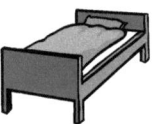

ятак

bed

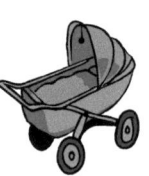

бәби арбасы

kinderwagen

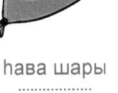

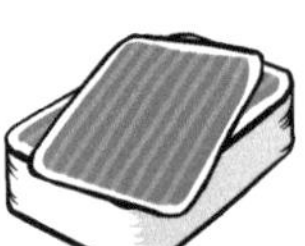

кәрт дәстәсе

spel kaarten

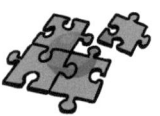

пазл

puzzel

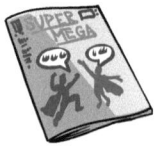

комикс

stripboek

лего кирпечләре

legoblokjes

шакмаклар

blokken

уен сынчыгы

actiefiguur

зыбын

kruippakje

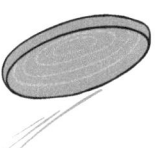

фрисби

frisbee

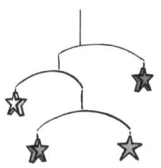

мобиль

mobiel

өстәл уены

bordspel

уен ташы

dobbelsteen

поезд моделе җыелмасы

modelspoorweg

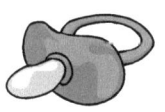

имезлек

fopspeen

кичә

feest

рәсемле китап

prentenboek

туп

bal

курчак

pop

уйнарга

spelen

комлык

zandbak

таган

schommel

уенчыклар

speelgoed

уен кушмасы

spelconsole

өч көпчәкле сәпид

driewieler

уенчык аю

knuffelbeer

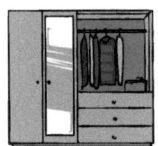

кием дулабы

kleerkast

кием
kleding

оекбаш

sokken

оек

kousen

оегыштан

maillot

шарф
sjaal

каеш
riem

кулчатыр
paraplu

футболка
T-shirt

спорт аяк киеме
sneakers

итек
laarzen

чәпәләй
slippers

сандаллар
sandalen

аяк киеме
schoenen

резин итек
rubberlaarzen

тәнбан
onderbroek

түшти
beha

жәләк
onderhemd

боди

lichaam

чалбар

broek

джинс

jeans

итәк

rok

блузка

blouse

күлмәк

hemd

свитер

trui

худи

capuchontrui

блейзер

blazer

жакет

jas

бишмәт

jas

яңгырлык

regenjas

кәчтүм

kostuum

күлмәк

jurk

туй күлмәге

trouwjurk

такым кием

pak

төнге күлмәк

nachthemd

пижама

pyjama

сари

sari

яулык

hoofddoek

чалма

tulband

бурка

boerka

чапан

kaftan

абая

abaya

коену киеме

badpak

йөзү тәнбаны

zwembroek

шорт

short

спорт киеме

trainingspak

алъяпкыч

schort

иләсә

handschoenen

төймә

knoop

күзлек

bril

беләзек

armband

муенса

ketting

балдак

ring

алка

oorbel

кәпәч

pet

элгеч

kapstok

эшләпә

hoed

галстук

das

зынҗыр

rits

очлам

helm

чалбар асмасы

bretellen

мәктәп формасы

schooluniform

форма

uniform

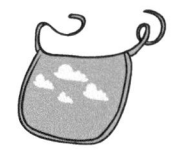

балалар күкрәкчәсе

slabbetje

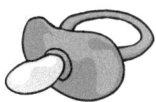

имезлек

fopspeen

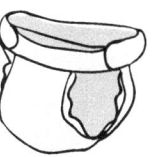

күзәлә

luier

офис

kantoor

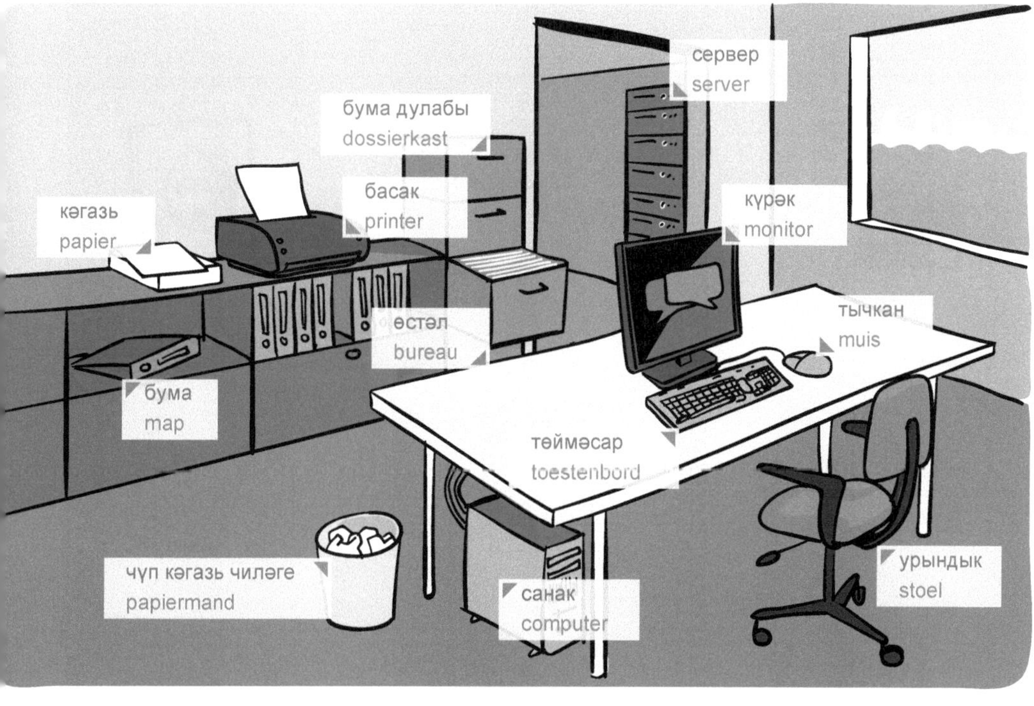

сервер
server
бума дулабы
dossierkast
кәгазь
papier
басак
printer
күрәк
monitor
өстәл
bureau
тычкан
muis
бума
map
төймәсар
toestenbord
чүп кәгазь чиләге
papiermand
санак
computer
урындык
stoel

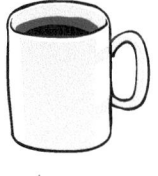

каһвә тәгәче

koffiemok

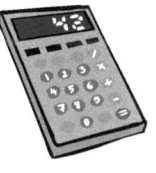

сансанар

rekenmachine

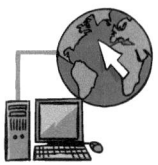

интернет

internet

ләптоп

laptop

хат

brief

хәбәр

bericht

кесә телефоны

gsm

челтәр

netwerk

фотокопияче

kopieerapparaat

програм тәэминаты

software

телефон

telefoon

аергыч

stopcontact

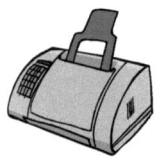

факс

fax

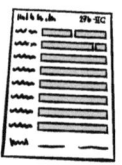

форм

formulier

документ

document

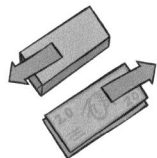

сатып алырга

kopen

түләргә

betalen

сәүдә итәргә

handelen

акча

geld

доллар

dollar

евро

euro

иена

yen

сум

roebel

франк

Zwitserse frank

юан

Chinese renminbi

рупи

roepie

банкомат

geldautomaat

валюта бюросы

wisselkantoor

алтын

goud

көмеш

zilver

карамай

olie

энергия

energie

бәя

prijs

контракт

contract

салым

belasting

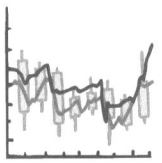

сток

aandeel

эшләргә

werken

эшче

werknemer

эш бирүче

werkgever

фабрика

fabriek

кибет

winkel

һөнәрләр

beroepen

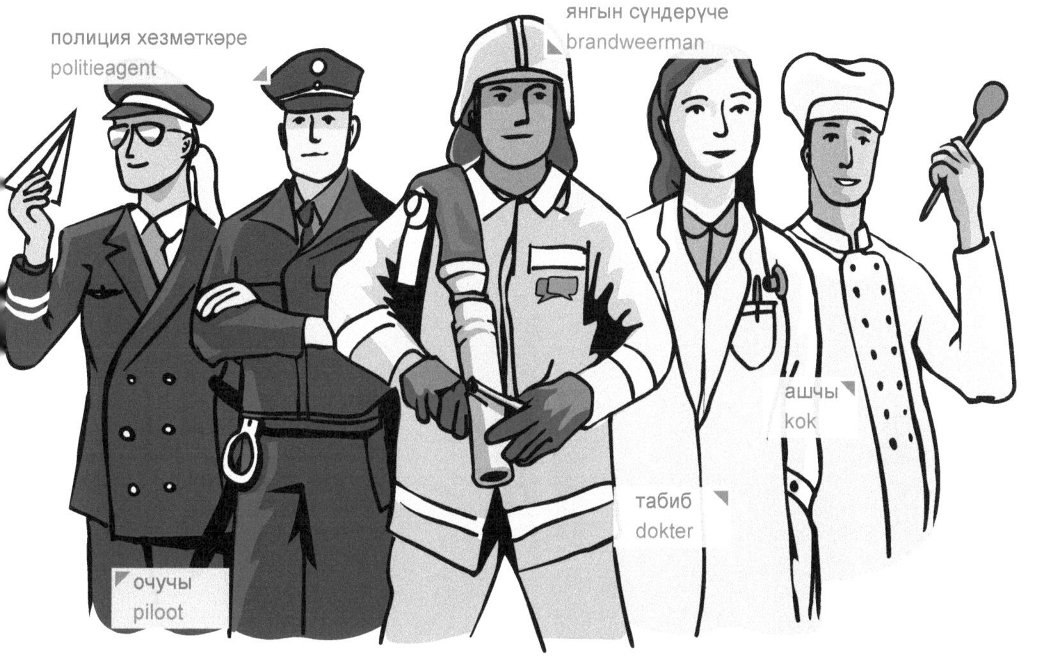

полиция хезмәткәре
politieagent
янгын сүндерүче
brandweerman
ашчы
kok
табиб
dokter
очучы
piloot

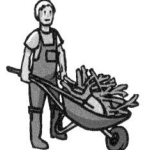

бакчачы

tuinman

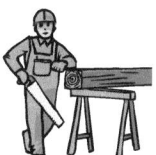

агач остасы

timmerman

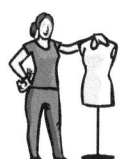

тегүче

naaister

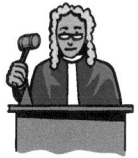

хөкемче

rechter

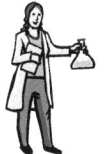

химияче

chemicus

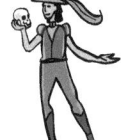

актер

acteur

автобус йөртүче
buschauffeur

таксиче
taxichauffeur

балыкчы
visser

җыештыручы хатын
schoonmaakster

түбә ябучы
dakdekker

табынчы
ober

аучы
jager

рәссам
schilder

икмәкче
bakker

электрчы
elektricien

төзүче
bouwvakker

мөһәндис
ingenieur

итче
slager

чөмәкче
loodgieter

ямылчы
postbode

гаскәри

soldaat

мигъмар

architect

кассир

kassier

чәчәкче

bloemist

чәчтараш

kapper

кондуктор

conducteur

механик

mecanicien

капитан

kapitein

теш табибы

tandarts

галим

wetenschapper

раввин

rabbijn

имам

imam

кәшиш

monnik

рухани

geestelijke

алəтлəр
werktuigen

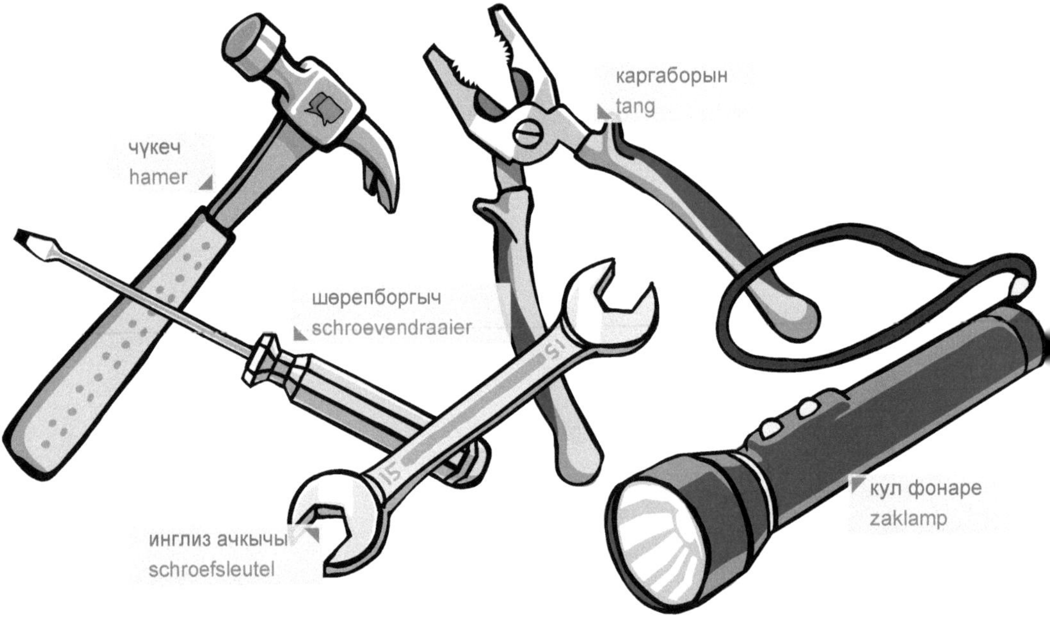

каргаборын
tang
чүкеч
hamer
шөрепборгыч
schroevendraaier
кул фонаре
zaklamp
инглиз ачкычы
schroefsleutel

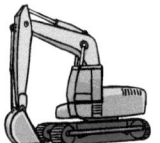

казу машинасы

graafmachine

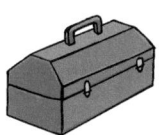

алəт букчасы

gereedschapskoffer

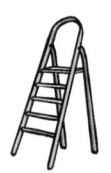

баскыч

ladder

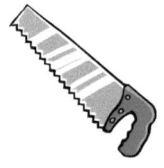

пычкы

zaag

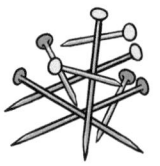

кадаклар

spijkers

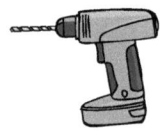

дрель

boormachine

төзәтергә

repareren

көрәк

schop

Шайтан алгыры!

Verdomme!

соскы

blik

буяу савыты

verfpot

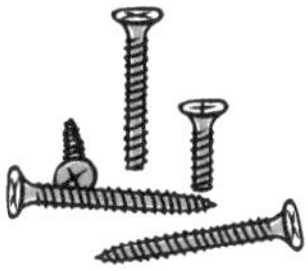

мыклар

schroeven

музыка алəтлəре
muziekinstrumenten

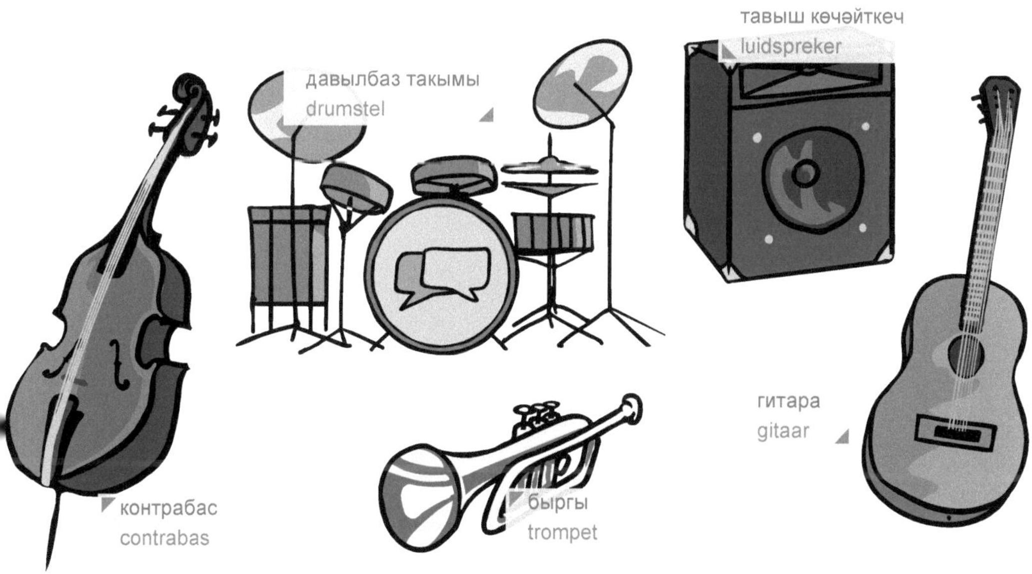

тавыш көчəйткеч
luidspreker

давылбаз такымы
drumstel

гитара
gitaar

контрабас
contrabas

быргы
trompet

пианино

piano

кәман

viool

бас-гитара

basgitaar

тимпани

pauk

давылбаз

trommels

төймәсар

keyboard

саксофон

saxofoon

флейта

fluit

микрофон

microfoon

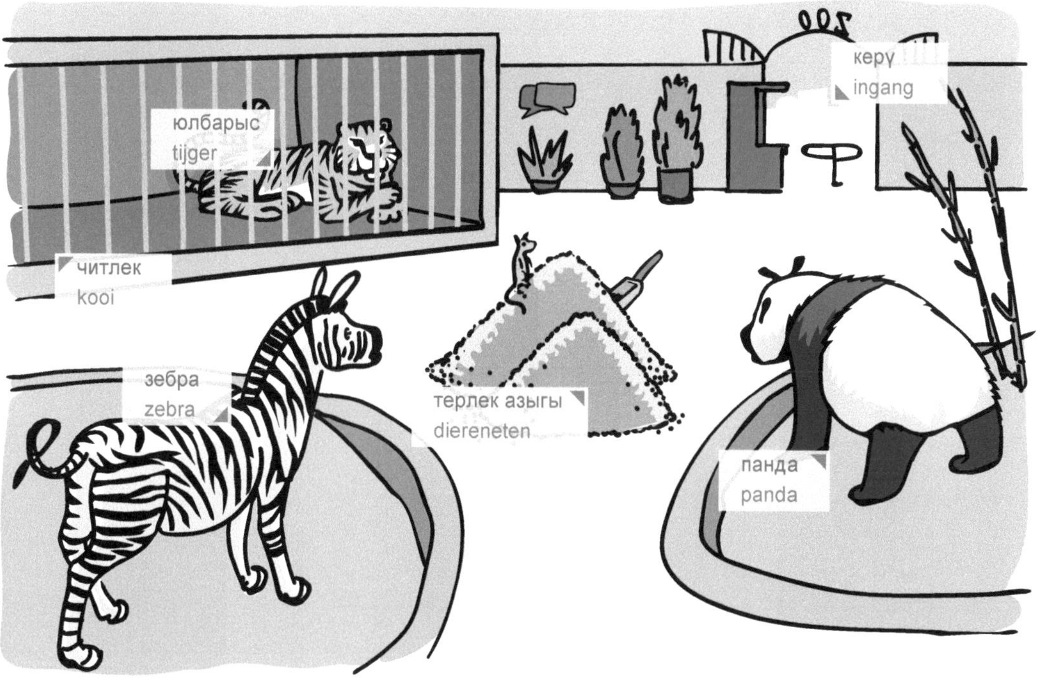

керү
ingang

юлбарыс
tijger

читлек
kooi

зебра
zebra

терлек азыгы
diereneten

панда
panda

хайваннар

dieren

фил

olifant

көнгерә

kangoeroe

кәркедән

neushoorn

горилла

gorilla

аю

beer

дөя

kameel

тәвә кошы

struisvogel

арыслан

leeuw

маймыл

aap

фламинго

flamingo

тутый кош

papegaai

ак аю

ijsbeer

пингвин

pinguïn

күпек балыгы

haai

тавис

pauw

елан

slang

тимсах

krokodil

хайван бакчасы
хезмәткәре
dierenverzorger

су эте

zeehond

ягуар

jaguar

пони

pony

каплан

luipaard

су айгыры

nijlpaard

зөрәфә

giraffe

бөркет

adelaar

кабан дуңгызы

wild zwijn

балык

vis

ташбака

zeeschildpad

морж

walrus

төлке

vos

газәл

gazelle

Америка футболы
rugby

сәпид
wielrennen

теннис
tennis

баскетбол
basketbal

йөзү
zwemmen

бокс
boksen

хоккей
ijshockey

футбол

voetbal

бадминтон

badminton

атлетика

atletiek

гандбол

handbal

чаңгы

skiën

поло

polo

иткенлекләр

activiteiten

кәләргә
lachen
сикерергә
springen
кочакларга
knuffelen
йөрергә
wandelen
җырларга
zingen
хыялланырга
dromen
гыйбадәт кылырга
bidden
үбәргә
kussen

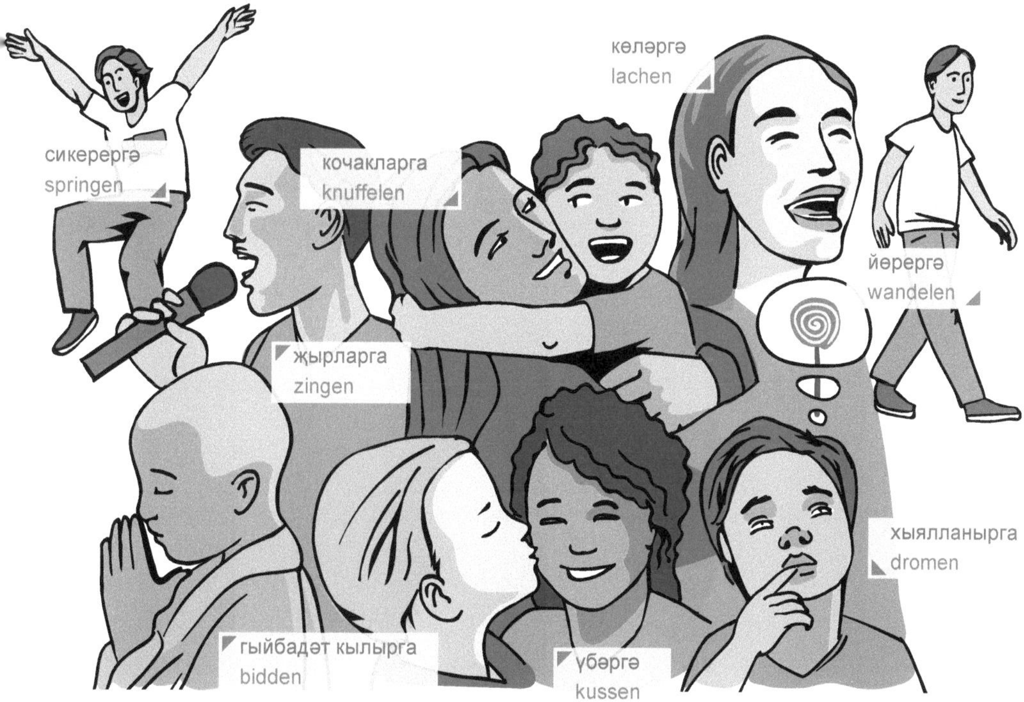

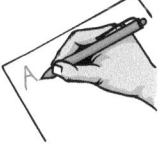

язарга
schrijven

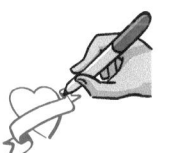

рәсем ясарга
tekenen

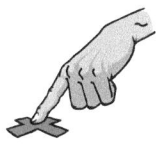

күрсәтергә
tonen

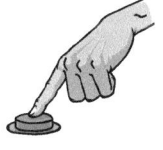

этәргә
duwen

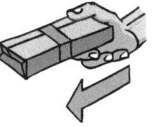

бирергә
geven

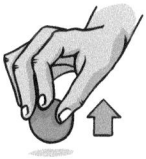

алырга
nemen

ия булырга

hebben

эшләргә

doen

булырга

zijn

басып торырга

staan

йөгерергә

lopen

тартырга

trekken

ташларга

gooien

егылырга

vallen

ятарга

liggen

көтәргә

wachten

ташырга

dragen

утырырга

zitten

киенергә

aankleden

йокларга

slapen

уянырга

ontwaken

карарга

kijken naar

еларга

wenen

сыйпарга

aaien

тарарга

kammen

сөйләшергә

praten

аңларга

begrijpen

сорарга

vragen

тыңларга

luisteren

эчәргә

drinken

ашарга

eten

җыештырынырга

opruimen

сөярга

houden van

пешерергә

koken

сөрергә

rijden

очарга

vliegen

иткенлекләр - activiteiten

65

диңгезгә ачылу

zeilen

исәпләү

rekenen

укырга

Lezen

өйрәнергә

leren

эшләргә

werken

өйләнергә

trouwen

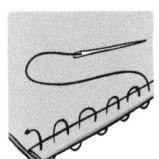

тегәргә

naaien

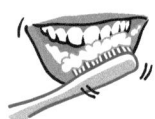

теш фырчаларга

tandenpoetsen

үтерергә

doden

тәмәке тартырга

roken

җибәрергә

sturen

әби
grootmoeder

бабай
grootvader

ата
vader

ана
moeder

сабый
baby

кыз
dochter

ул
zoon

кунак

gast

апа

tante

абый

oom

абый / эне

broer

апа / сеңел

zus

тән

lichaam

маңгай
voorhoofd
күз
oog
иңбаш
schouder
бармак
vinger
бит
gezicht
ияк
kin
кул чугы
hand
аяк
been
күкрәк
borst
кул
arm

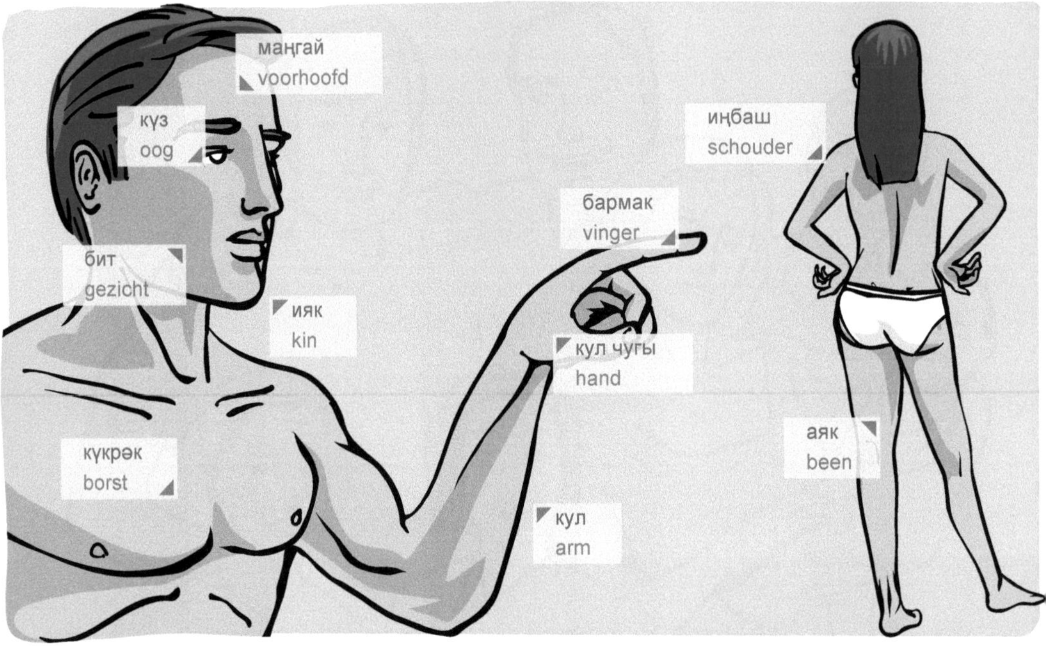

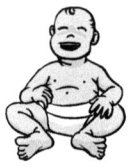

сабый

baby

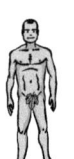

ир

man

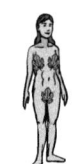

хатын

vrouw

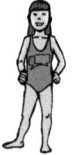

кыз

meisje

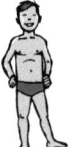

малай

jongen

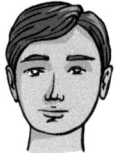

баш

hoofd

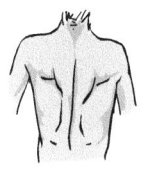

арка
rug

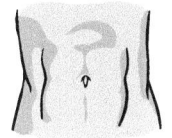

эч
buik

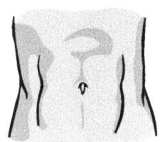

кендек
navel

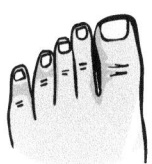

аяк бармагы
teen

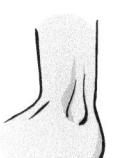

үкчә
hiel

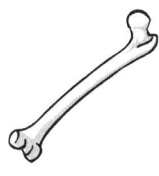

сөяк
bot

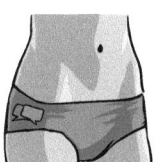

бот
heup

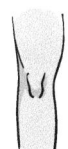

тез
knie

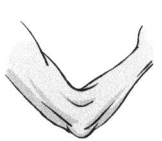

терсәк
elleboog

борын
neus

арт сан
zitvlak

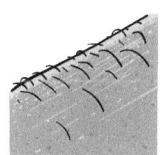

тире
huid

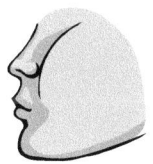

яңак
wang

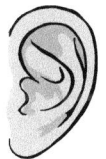

колак
oor

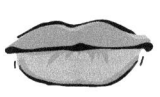

ирен
lip

авыз

mond

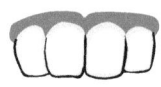

теш

tand

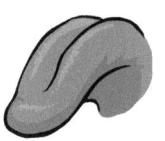

тел

tong

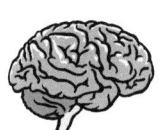

ми

hersenen

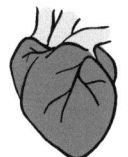

йөрәк

hart

газлә

spier

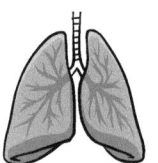

үпкә

long

бавыр

lever

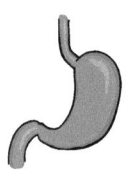

ашказаны

maag

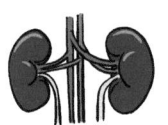

бөерләр

nieren

секс

seks

презерватив

condoom

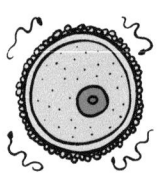

күкәй күзәнәк

eicel

мәни

sperma

көмән

zwangerschap

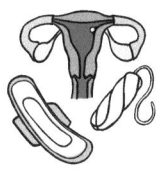

кӳрем

menstruatie

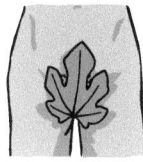

вагина

vagina

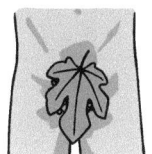

пенис

penis

каш

wenkbrauw

чәчләр

haar

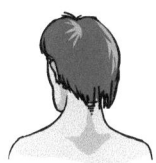

муен

nek

хастаханә
ziekenhuis

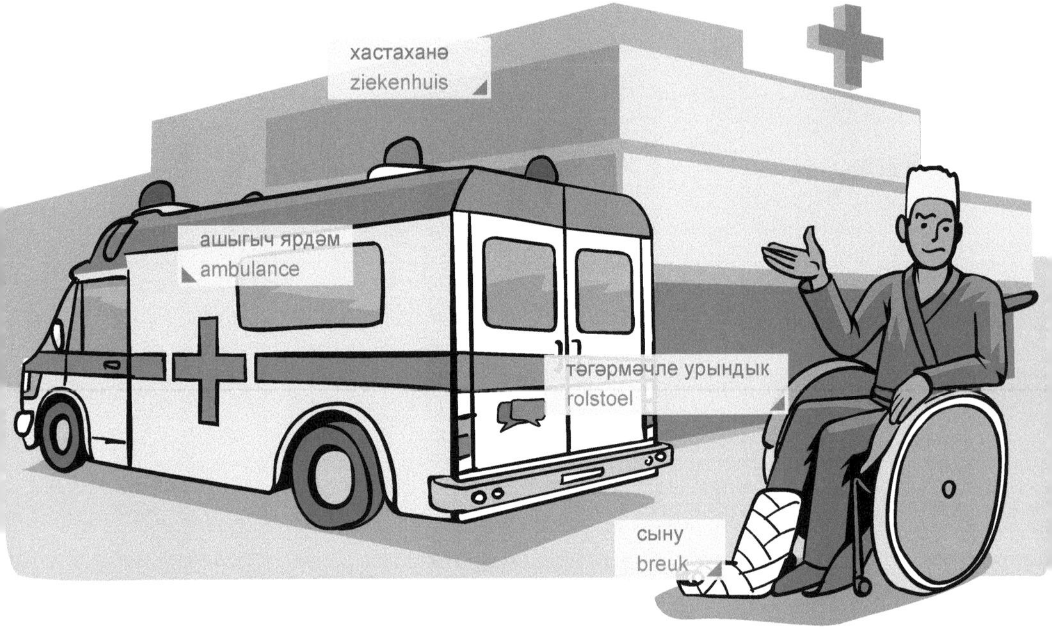

хастаханә
ziekenhuis

ашыгыч ярдәм
ambulance

төгәрмәчле урындык
rolstoel

сыну
breuk

табиб

dokter

ашыгыч ярдәм бүлмәсе

spoed

шәфкать туташы

verpleegkundige

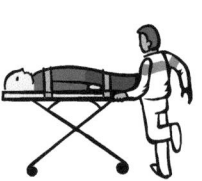

кичектергесез хәл

noodgeval

аңсыз

bewusteloos

авырту

pijn

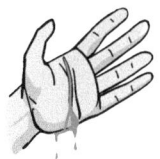

җәрәхәтләнү

verwonding

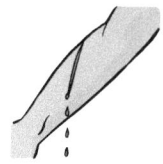

кан агу

bloeding

инфаркт

hartaanval

инсульт

beroerte

аллергия

allergie

ютәл

hoest

кызу

koorts

грипп

griep

эч китү

diarree

баш авырту

hoofdpijn

яман шеш

kanker

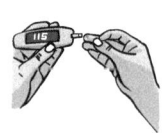

диабет

diabetes

хирург

chirurg

скальпель

scalpel

гамәлият

operatie

CT

CT

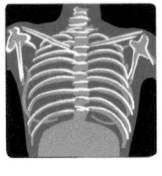

рентген

röntgenstraal

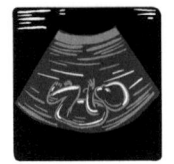

ультратавыш

ultrageluid

битлек

gezichtsmasker

авыру

ziekte

көтү бүлмәсе

wachtkamer

култык таягы

kruk

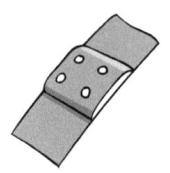

пластырь

pleister

бәйләвеч

verband

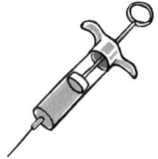

кадау

injectie

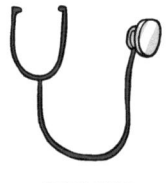

стетоскоп

stethoscoop

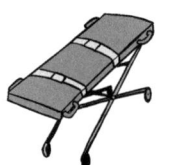

сәдия

brancard

клиник термометр

thermometer

туу

geboorte

артык авырлык

overgewicht

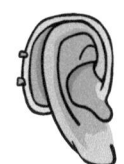

ишетү җиһазы

hoorapparaat

дезинфектант

ontsmettingsmiddel

йогыш

infectie

вирус

virus

КИВ / БИДС

HIV / AIDS

дару

medicijn

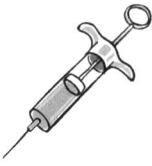

вакциналану

vaccinatie

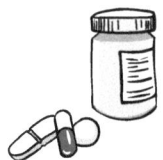

таблетлар

tabletten

контрацептив таблет

pil

ашыгыч чакыру

noodoproep

кан басымы үлчәгече

bloeddrukmeter

авыру / сәламәт

ziek / gezond

Коткарыгыз!

Help!

хәвеф тавышы

alarm

һөҗүм

overval

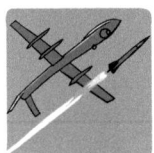

һөҗүм

aanval

куркыныч

gevaar

ашыгыч чыгу

nooduitgang

Янгын!

Brand!

ут сүндергеч

brandblusser

каза

ongeval

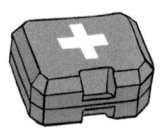

беренче ярдәм букчасы

EHBO-kit

SOS

SOS

полиция

politie

Аурупа

Europa

Төньяк Америка

Noord-Amerika

Көньяк Америка

Zuid-Amerika

Африка

Afrika

Азия

Azië

Австралия

Australië

Атлантик океан

Atlantische Oceaan

Тын океан

Stille Oceaan

Һинд океаны

Indische Oceaan

Антарктик океан

Antarctische Oceaan

Арктик океан

Arctische Oceaan

Төньяк котып

Noordpool

Көньяк котып

Zuidpool

Антарктика

Antarctica

Җир

aarde

коры җир

land

диңгез

zee

утрау

eiland

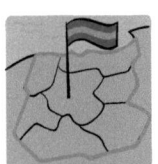

милләт

natie

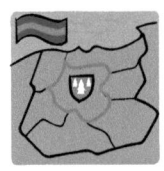

дәүләт

staat

сәгать бите

wijzerplaat

сәгать угы

uurwijzer

минут угы

minuutwijzer

секунд угы

secondewijzer

Сәгать ничә?

Hoe laat is het?

көн

dag

вакыт

tijd

хәзер

nu

дижитал сәгать

digitale horloge

минут

minuut

сәгать

uur

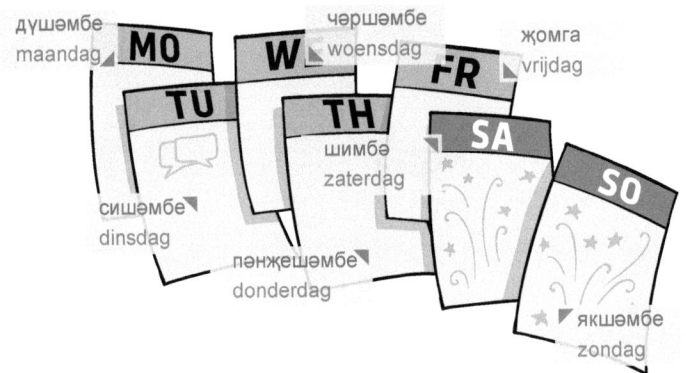

дүшәмбе
maandag

чәршәмбе
woensdag

җомга
vrijdag

сишәмбе
dinsdag

шимбә
zaterdag

пәнҗешәмбе
donderdag

якшәмбе
zondag

кичә

gisteren

бүген

vandaag

иртәгә

morgen

иртә

ochtend

төш

middag

кич

avond

MO	TU	WE	TH	FR	SA	SU
1	2	3	4	5	6	7
8	9	10	11	12	13	14
15	16	17	18	19	20	21
22	23	24	25	26	27	28
29	30	31	1	2	3	4

эш көннәре

werkdagen

MO	TU	WE	TH	FR	SA	SU
1	2	3	4	5	6	7
8	9	10	11	12	13	14
15	16	17	18	19	20	21
22	23	24	25	26	27	28
29	30	31	1	2	3	4

ял көннәре

weekend

яңгыр
regen

салават күпере
regenboog

җил
wind

кар
sneeuw

яз
lente

көз
herfst

җәй
zomer

кыш
winter

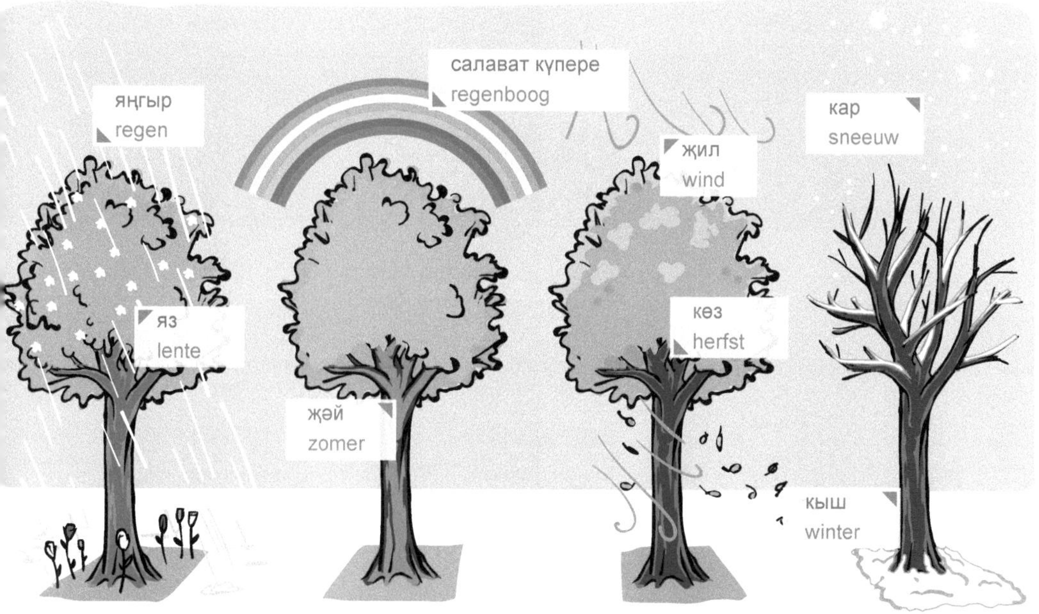

һава торышы

weervoorspelling

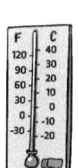

термометр

thermometer

кояш яктысы

zonneschijn

болыт

wolk

томан

mist

дымлылык

vochtigheid

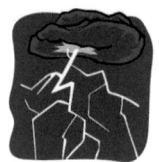

яшен

bliksem

күк күкрәү

donder

давыл

storm

боз

hagel

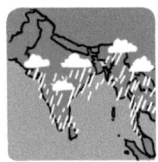

муссон

moesson

су басу

overstroming

боз

ijs

гыйнвар

januari

февраль

februari

март

maart

апрель

april

май

mei

июнь

juni

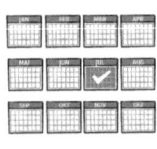

июль

juli

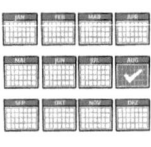

август

augustus

сентябрь

september

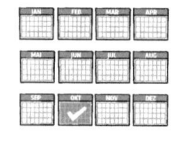

октябрь

oktober

ноябрь

november

декабрь

december

формалар

vormen

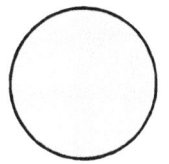

түгәрәк

cirkel

дүрткел

kwadraat

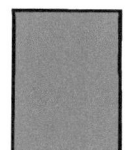

турыпочмак

rechthoek

өчпочмак

driehoek

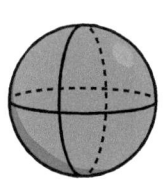

шар

bol

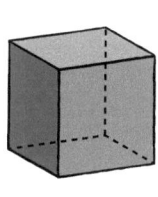

куб

kubus

төсләр

kleuren

ак

wit

сары

geel

кызгылт сары

oranje

ал

roze

кызыл

rood

шәмәхә

paars

зәңгәр

blauw

яшел

groen

көрән

bruin

соры

grijs

кара

zwart

күп / аз

veel / weinig

усал / тыныч

boos / kalm

матур / ямьсез

mooi / lelijk

баш / ахыр

begin / einde

зур / кечкенә

groot / klein

якты / караңгы

licht / donker

абый, эне / апа, сеңел

broer / zus

таза / пычрак

proper / vuil

тәмам / тәмамланмаган

volledig / onvolledig

көн / төн

dag / nacht

үле / тере

dood / levend

киң / тар

breed / smal

ашарга яраклы / ашарга
яраксыз
....
eetbaar / oneetbaar

яман / яхшы
....
kwaadaardig / vriendelijk

дулкынланган / ялыккан
....
opgewonden / verveeld

юан / ябык
....
dik / dun

беренче / соңгы
....
eerst / laatst

дус / дошман
....
vriend / vijand

тулы / буш
....
vol / leeg

каты / йомшак
....
hard / zacht

авыр / җиңел
....
zwaar / licht

ачлык / сусау
....
honger / dorst

авыру / сәламәт
....
ziek / gezond

канунсыз / канунлы
....
illegaal / legaal

акыллы / акылсыз
....
intelligent / dom

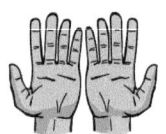

сул / уң
....
links / rechts

якын / ерак
....
dichtbij / veraf

яңа / кулланылган

nieuw / gebruikt

һичнәрсә / нәрсәдер

niets / iets

өлкән / яшь

oud / jong

кабыздырылган / сүндерелгән

aan / uit

ачык / ябык

open / dicht

тавышсыз / гөрелтеле

stil / luid

бай / ярлы

rijk / arm

дөрес / ялгыш

juist / fout

кытыршы / шома

ruw / glad

күңелсез / күңелле

droevig / blij

кыска / озын

kort / lang

акрын / тиз

traag / snel

дымлы / коры

nat / droog

җылы / салкын

warm / koud

сугыш / тынычлык

oorlog / vrede

0	**1**	**2**
сыфыр	бер	ике
nul	één	twee
3	**4**	**5**
өч	дүрт	биш
drie	vier	vijf
6	**7**	**8**
алты	җиде	сигез
zes	zeven	acht
9	**10**	**11**
тугыз	ун	унбер
negen	tien	elf

12
унике

twaalf

13
унеч

dertien

14
ундүрт

veertien

15
унбиш

vijftien

16
уналты

zestien

17
унҗиде

zeventien

18
унсигез

achtien

19
унтугыз

negentien

20
егерме

twintig

100
йөз

honderd

1.000
мең

duizend

1.000.000
миллион

miljoen

инглизчə

Engels

Америка инглизчəсе

Amerikaans Engels

Мандарин кытайчасы

Chinees (Mandarijn)

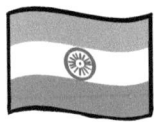

һинди

Hindi

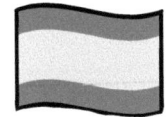

испанча

Spaans

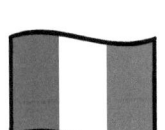

французча

Frans

гарəпчə

Arabisch

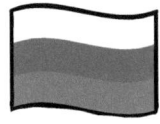

русча

Russisch

португалча

Portugees

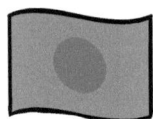

бенгали

Bengali

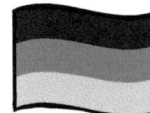

алманча

Duits

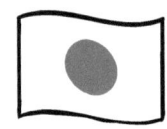

японча

Japans

мин

ik

син

u

ул / ул / ул

hij / zij / het

без

wij

сез

u

алар

ze

кем?

wie?

нәрсә?

wat?

ничек?

hoe?

кайда?

waar?

кайчан?

wanneer?

исем

naam

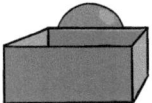

артта

achter

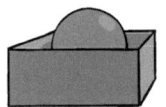

эчендә

in

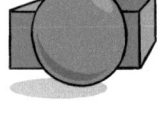

алда

voor

өстендә

boven

өстенә

op

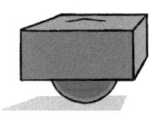

астында

onder

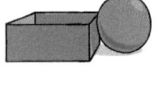

янында

naast

арасында

tussen

урын

plaats